Weihnachtszeit

Geschichten - Erzählungen - Gedichte - Besinnliches zum Fest

Ernst-Ulrich Hahmann

Weihnachtszeit

Geschichten - Erzählungen - Gedichte
Besinnliches zum Fest

BoD
Books on DEMAND

FSC
www.fsc.org
MIX
Papier aus verantwortungsvollen Quellen
Paper from responsible sources
FSC® C105338

Bibliografische Information der Deutschen Nationalbibliothek.
Die Deutsche Nationalbibliothek verzeichnet diese Publikation in der Deutschen Nationalbibliothek, detaillierte bibliografische Daten sind im Internet über http://dnb.ddb.de abrufbar.

Umschlagentwurf und Layout: Ernst-Ulrich Hahmann

Herstellung und Verlag
BoD - Books on Demand, Norderstedt

Printed in Germany

ISBN 9 783754 357125

5,99 Euro

Inhaltsverzeichnis

Das Mädchen und die Adventskerzen!

Vier Kerzen auf dem grünen Adventskranz brennen,
die die vier Sonntage kurz vor Weihnachten
benennen.
Dabei ist es mucks Mäuschen still im großen Haus,
nur leises Reden der Kerzen hört man aus dem Raum
heraus.

Die erste rote Kerze, die da flackernd brennt,
sich als Kerze des Friedens nennt.
Leise seufzt sie: „Mein Licht zwar leuchtet,
aber der Erdenbürger nicht weiß, was das bedeutet.
Die Menschen halten, keinen Frieden, sie wollen mich nicht!“
Ihr Licht wurde immer kleiner bis es erlischt.

Die zweite rote Kerze, die da zuckend brennt,
sich als Kerze des Glaubens nennt.
Züngelnd flüstert sie leise vor sich hin:
„Das ich brenne, hat überhaupt keinen Sinn.
Die Menschen wollen vom lieben Gott nichts wissen.“
Ein Luftzug wehte sie aus ganz beflissen.

Die dritte rote Kerze, die da züngelnd brennt,
sich als Kerze der Liebe nennt.
Traurig wispert sie: „Die Menschen selber sich nur sehen.
Was soll da mit der Liebe für den anderen geschehen?
Ich habe keine Kraft mehr, denn mir graust.“
Ein letztes Aufflackern und auch sie ging aus.

Ein kleines Mädchen in das dämmrige Zimmer schaut,
mit traurigem Blick zu den Kerzen hin, sagte es ganz laut:
„Ihr sollt doch brennen und nicht ohne Flamme sein!“
Es fing an zu weinen, das Mägdelein.

Aber die vierte Kerze, die da leuchtend brennt,
sich als Kerze der Hoffnung benennt,
verheißungsvoll tat sie dem Mädchen kund:
„Hab keine Angst“ sprach diese, als hätte sie einen Mund,
„so lange ich noch brenne, sei nicht bange“.
Wir können sie wieder anzünden, dann brennen sie noch lange.“

In dem Kind geschwind da ein Gedanke reift
und es schon eilends zu dem Streichholz greift.
Es tut sofort das Hölzchen in die Flamme halten,
um damit die brennende Schönheit der anderen wieder zu entfalten.
Wie leuchtet da die Augenpracht,
des Kindes kurz vor der Heiligen Nacht.

Spaziergang durch den Winterwald

Es war drei Tage vor Weihnachten, da führte mich mein Weg durch den tief verschneiten Winterwald, ganz in der Nähe der Rückenbacher Schlucht.

Vom azurblauen Himmel herab brachte die funkelnde Lichterflut der goldgelben Sonne die schneeweiße Fläche zum glitzern und flimmern, als wenn sie aus Tausende kleinen Diamanten bestehen würden.

Ein herrlicher Wintertag.

Langsam schlenderte ich dahin, spürte, wie ein kühler Lufthauch meine Wangen streichelte und das Glitzern der weißen Schneefläche meine Augen blendete.

Der verharschte Schnee auf dem Waldweg knirschte hörbar bei jedem meiner Schritte unter den Sohlen meiner festen Schuhe.

Hin und wieder blies ein kurzer Windhauch, hier und da, von den Zweigen, der rechts und links des Wegs stehenden Bäumen und Büschen etwas von ihrer weißen Pracht herunter.

Der leise herabrieselnde Schnee hüllte den Boden ganz in Weiß.

Da, was war das?

Leises knacken aus dem Unterholz klang an meine Ohren.

Der erste lichte Baumbestand wurde dichter und dichter. Aufrecht wie Zinnsoldaten standen jetzt die schlanken Tannen eng zusammen.

Nach der nächsten Biegung, es mögen wohl 50 Meter gewesen sein gabelte sich plötzlich der Weg.

Der Hauptweg führte geradeaus weiter, aber nach links zweigte ein Pfad ab, der kurz darauf auf einer Lichtung endete.

Ich blieb stehen und schaute nach der Lichtung hin.

Narrten mich etwa meine Augen?

Nein!

Mitten im verschneiten Winterwald, auf der schneeweißen Fläche, einer fast kreisrunden Lichtung reckte eine schlanke Tanne stolz ihr lange Spitze gen Himmel.

Es war aber nicht nur irgendeine Tanne, sondern eine ganz besondere Tanne.

Ihr Schmuck war es, der sie zu etwas ganz Besonderem machte.

Unbekannte, waren es Naturliebhaber, Anhänger des Weihnachtsfestes oder gar nur irgendwelche Fremden gewesen, die dieser Tanne ein festliches Kleid angezogen hatten?

Ich konnte es beim besten Willen nicht sagen!

Bunte Glaskugeln hingen an den schneebehangenen Zweigen, dazwischen schwebten bemalte Holzengel und an dünnen silbernen Fäden hingen zusammengerollte Zettel, sicherlich Wunschzettel an den Weihnachtsmann.

An verschiedenen Stellen zwischen den Ästen des Baumes schienen sich die Sonnenstrahlen in etwas hellen zu reflektieren. Beim näheren Hinschauen erkannte ich, es war durchsichtige Folie. Und in diesen Folienhüllen befanden sich, in den einen beschriftete und in anderen bemalte Zettel.

Ihr glaubt es nicht, was sich auf diesen Zetteln befand, und zwar auf jedem Zettel etwas anderes?

Weihnachtsbilder gemalt von Kinderhand und Erwachsen, Geschichten über das Christkind und den Weihnachtsmann, aber auch Gedichte zum Weihnachtsfest.

Dazwischen immer wieder Wunschzettel für den Weihnachtsmann waren dabei.

Viel zu schnell waren die zwei Stunden vergangen, die ich benötigte, um mir all die schönen Dinge anzuschauen. Mir kam es vor, als wäre es schon Heiliger Abend und die Bescherung stände vor der Tür.

Am Tag vor Weihnachten!

Nur noch einmal gehen wir schlafen,
nur noch einmal wird es Nacht.
Wird es dann wieder Abend werden,
hat Knecht Ruprecht was gebracht.

Glocken klingen, und der Schlitten
ist bis obenhin gepackt.
Ach, was wird der gute Alte bringen,
was hat er wohl für die Kinder eingesackt:

Äpfel, Nüsse und Rosinen,
Kuchen, Kekse, Marzipan,
Engelshaar und Mandarinen,
Hampelmann und Eisenbahn.

Weißt Du noch im letzten Jahr,
als der Tannenbaum gebrannt,
wie es war, als lang erwartet
in der Tür Knecht Ruprecht stand?

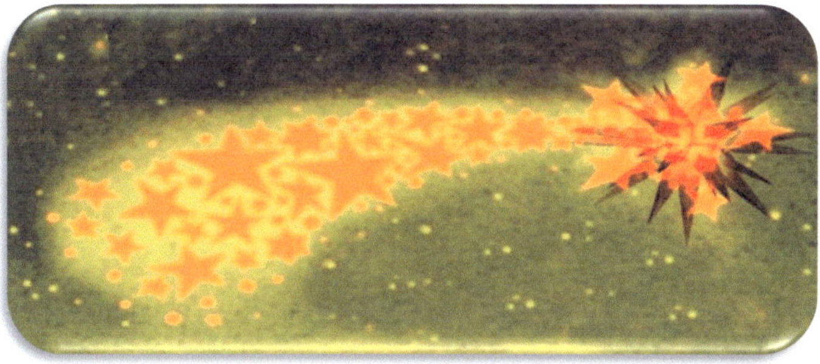

Der Weihnachtsstern!

Kraftlos hing die goldene Scheibe der Sonne am eisig blauen Winterhimmel. In der Ferne ballten sich bereits erste dicke Schneewolken zusammen. Der Wind trieb sie vor sich her und schon schoben sie sich grau und schwer vor Tante Klara.

Die Welt verfinsterte sich.

Man konnte den Schnee förmlich riechen.

Karg und farblos die Natur, sie schlief.

An diesem Tag, einen Tag vor Weihnachten begann es zu schneien. Anfangs tanzten nur wenige weiße Flocken nach dem Lied des Windes. Aber die Wolken trugen eine schwere Last. Immer dichter und stärker fielen die Schneeflocken auf den frost-starren Boden. Ohne Unterbrechung rieselte der Schnee herab, der langsam mit seinem reinen Weiß die schlafende Natur bedeckte.

Im Nu wurden der Wald und die Flur in ein weißes Kleid gehüllt, die roten Ziegeldächer der Häuser im Dorf bekamen weiße Mützen aufgesetzt.

Während die Alten des Dorfes besorgt zum Himmel schauten, freuten sich die Kinder ihres Lebens. Ohne Unterlass versuchten sie, die tanzenden Schneeflocken zu fangen, und die Freude darüber erwärmte die Herzen der Erwachsenen.

Schwach schimmerte die milchig weiße Scheibe der Sonne durch die dunstige Winterluft. Sie war nicht allzu hoch am Himmel hinaufgestiegen, denn sie wollte rechtzeitig wieder unten sein, zur heiligen Christnacht.

Endlich, zur Mittagszeit, verzog sich der Dunst und freundlich blickte der blaue Himmel hervor.

So weiß und rein, so zart und glänzend lag der Schnee da, dass den Kindern die größte Lust ankam, in ihm herumzutoben. Übermütig stapften die Buben und Mädchen durch die tiefsten Wehen und bewarfen sich mit Schneebällen. Vor Vergnügen und der Kälte bekamen sie frische rote Wangen und fast ebenso rote Hände.

Das Fenster eines Hauses, in dessen Scheiben sich die funkelnden Strahlen der Wintersonne spiegelten, öffnete sich. Eine junge Frau schaute heraus und beobachtete mit zufriedener Miene die herum-tollenden Kinder, bis sie schließlich rief: „Hansi ...! Heidi ...!“

„Ja, was ist?“ Antworteten zwei der Sprösslinge wie aus einem Mund.

Zwillinge waren es.

„Kommt rein, Großmutter müsst ihr noch besuchen! Bevor es dunkel ist, will ich euch wieder zu Hause sehen!“

„Ja, Mutti wir kommen sofort!“ riefen beide erfreut.

Übermütig stürmten die Kinder ins Haus. Geschwind hatten sie den Schnee von der Kleidung gestiebt, rasch wärmende Jacken angezogen, Pommelmützen aufgesetzt und ihre Hände in dicke Fellhandschuhe gesteckt.

„Beeilt euch“ ermahnte die Mutter noch einmal die Kinder, die sich ungeduldig von ihr mit einem flüchtigen Kuss verabschiedeten.

Und los stapften die beiden durch den tiefen Schnee, jedes ein Körbchen in der Hand.

Außerhalb des Ortes wehte und wirbelte der Wind durchsichtige Schneewölkchen in die Höhe. Wie unzählige kleine Kobolde kreisten Flocken durch die Luft und fielen überall hin, auf die Mützen, auf die Jacken und sogar in die Gesichter der Kinder.

Die Wiesen und Äcker, die auf ihrem Weg zum nahen Wald lagen, versteckten sich unter einer dichten Schneedecke.

Schwarze Vögel, die irgendetwas aufgescheucht haben musste, flogen krächzend und flügelschlagend in weitem Bogen auf die rechts und links des Weges stehenden hohen Schwarzpappeln zu.

Einige der Krähen ließen sich aufplusternd in den kahlen Kronen der Bäume nieder, die anderen kreisten weiter auf der vergeblichen Suche nach Futter.

Der Wind begann stärker zu blasen und trieb dem kleinen Mädchen die Tränen in die Augen. Weißer Atem bildete sich vor den Mündern der Kinder.

Hansi konnte die Mütze gerade noch festhalten, die eine Windböe ihm vom Kopf reißen wollte.

Vor ihnen breitete sich in seiner ganzen weißen Pracht der Winterwald aus.

„Sieh nur“, rief Heidi aufgeregt. „Wie viele Weihnachtsbäume das sind! Und der Schnee auf ihnen sieht wie weiße Wolle aus!“

„Ja ..., und sieh nur ..., dort ...“, antwortete Hansi begeistert, „dort, wo die Sonnenstrahlen darauf scheinen, glitzern tausend Sterne“.

Der Weg durch den verschneiten Winterwald führte die Kinder an einer kleinen Lichtung vorbei. Hier blieben sie wie angewurzelt stehen.

Ein stattlicher Hirsch, auf seinem Haupt ein riesiges Geweih, überquerte die Lichtung. Mehrere Hirschkühe mit ihren Jungen liefen langsam hinter ihm her. Der Hirsch hob sein stolzes Haupt und schien die Kinder klug und furchtlos anzusehen.

„Ist das nicht wunderschön?“

„Ja“, flüsterte Heidi, „sei leise sonst verscheuchst du die Tiere.“

Die Welt um sich her vergessend schauten die Kinder mit leuchtenden Augen auf das friedliche Bild.

„Komm, wir müssen weiter“, drängelte Hansi. „Du weist wir sollen vor dem Dunkel werden wieder zu Hause sein.“

Der Wind hatte sich gelegt.

Nur das leise Knirschen der Schritte im tiefen Schnee waren zu hören und dann und wann leises knacken im Unterholz, das von dürren Ästen herrührte, denen die Schneelast zu schwer geworden war.

Der Wald lichtete sich und vor den Kindern lag das freie Feld. Nicht weit entfernt kauerten auf einem Häuflein, strohbedeckte Bauernhäuser.

Kalt waren die Ohren der Kinder geworden, steif und feuerrot. Aber die Finger erst, oje! Da saßen lauter kleine Nadeln drin und pikten, trotz der dicken Handschuhe.

Rasch schritten die kleinen Füße aus und trugen die beiden zur Hütte der Großmutter hin.

Aus dem Schornstein, des mit alten Schindeln bedeckten Hauses stieg sich kräuselnd weißer Rauch empor.

„Großmutters Häuschen!“ jubelten die beiden. Kaum hatten sie den Schnee von Jacke, Hose und Schuhen geklopft, da stürmten die Kinder schon in die warme Stube und riefen: „Großmutter! Großmutter!“

Im Zimmer roch es nach Tannengrün und Pfefferkuchen.

„Fröhliche Weihnachten, Großmutter!“

„Fröhliche Weihnachten, ihr Lieben!“

Die Kinder überreichten die Geschenke und richteten die Grüße der Mutter aus.

„Ihr seid ja richtig durchgefroren, wärmt euch erst einmal auf. Ein bisschen Zeit habt ihr ja mitgebracht, bevor ihr euch wieder auf den Rückweg macht“, sprach die Großmutter und sah dabei besorgt die Kinder an. „Ich erzähle euch auch schnell eine Geschichte.“

„Oh, fein!“ riefen die beiden erfreut.

Im offenen Kamin knisterte anheimelnd das Kiefernholzfeuer und belebte mit seinem zuckenden Widerschein das gütige Antlitz der alten Frau.

Heulend pfiff der Wind durch den Schornstein.

Die Kinder ließen sich auf das weiße Schafsfell nieder, das vor dem Kamin lag.

Versonnen schauten sie in die rote Glut der glimmenden Holzscheite. Die huschenden Schatten an den Wänden, vom flackernden Schein der zuckenden Flammen erzeugt, regten die Phantasie der Kinder an. Sie hörten nach draußen, auf das Wehen des Windes und das leise Grießeln der Schneeflocken gegen die Fensterscheiben, an denen sich bizarre Eisblumen bildeten.

Die Großmutter, schneeweiß waren ihre Haare vom Alter, setzte sich in den vom vielen Gebrauch abgenutzten Lehnstuhl und begann: „Ich erzähle euch heute etwas von einem kleinen Jungen, der am Heiligen Abend das Licht der Welt erblickte.“

Sie schaute die Kinder dabei an, die mit leuchtenden Augen, gespannt blickend an den Lippen der alten Frau hingen.

„Vor langer, langer Zeit lebte einst ein mächtiger Kaiser, der wollte wissen, wie viele Menschen in seinem Reich lebten, und er ordnete an, eine Zählung durchzuführen. Und so machten sich die Menschen, Jung und Alt, Arm und Reich, Groß und Klein in die Stadt auf, wo sie gezählt werden sollten.“

Nicht einmal das leise Knallen und Zischen der Äpfel, die in der Bratröhre des Kamins brutzelten, konnten die Kinder ablenken, von dem, was die Großmutter erzählte.

„Auch Joseph mit seiner Frau Maria, die ihr erstes Kind erwartete, begaben sich auf den langen und mühsamen Weg, der von der Stadt Nazareth, nach Bethlehem führte. Nach Tagen trafen sie müde und abgespannt in den späten Abendstunden in Bethlehem ein. Vergeblich suchten sie nach einer Unterkunft. Die Herbergen waren alle überfüllt. Lange irrten Marie und Joseph suchend durch die Straßen der Stadt. Erst als die Nacht vom Himmel herabsank, fanden sie ein warmes Plätzchen. Es war zwar nur der Schafstall, aber sie hatten wenigstens ein schützendes Dach über dem Kopf.“

Andächtig lauschten die Kinder den Worten der Großmutter.

„Auf dem, mit Stroh bedeckten Boden, ließen sie sich ermattet von den Anstrengungen des langen Weges nieder. Joseph betrachtete besorgt sein Weib, bei der die Geburtswehen in immer kürzeren Abständen einsetzten. Sie gebar unter Schmerzen ihren ersten Sohn. Den kleinen Knaben wickelte sie in Windeln und legte ihn in eine einfache Holzkrippe.“

Hansi, ganz versunken in die Erzählung der Großmutter, knackte eine Haselnuss nach der anderen. Unbewusst warf er die Schalen in die rote Glut des Feuers, das knisterte so schön.

„In derselben Nacht hüteten Hirten ganz in der Nähe von Bethlehem auf den hartgefrorenen Feldern ihre Schafe. Klar funkelten die Sterne am nächtlichen Himmel. Die in Decken gehüllten und sich auf Wurzelholzstecken abstützenden Männer spürten förmlich, wie der Frost von den Sternen herabstieg. Das helle Licht des Mondes tauchte die Ebene in matte Helligkeit. Ein eisiger Hauch streifte plötzlich die Hirten und im selben Moment wäre ihnen das Herz beinahe stehen geblieben. Entsetzt schauten sie nach oben und verfolgten mit atemloser Spannung das Geschehen. Aus dem immer heller waberndem und wallendem Nichts schälten sich die Umrisse einer weiß gekleideten Gestalt heraus, die plötzlich in einem unglaublichem Lichterglanz erstrahlte. Es war ein Engel. Wie erstarrt standen die Hirten da und schauten die Erscheinung mit weit aufgerissenen Augen an. Lieblich klang das Spiel der Harfen, das vom Horizont herauf ziehend durch die Luft schwebte. Der Engel sprach beruhigend auf die Hirten ein und sagte: ‚Geht hin, denn in einem Schafstall werdet ihr ein Kind finden, dass in Windeln gewickelt, in einer Krippe liegt. Es ist Christus, der neue Heiland‘. Während der Engel sprach, umschwebte ihn ein immer dichter werdender Kreis von silberbeflügelten Englein, die Saitenspiele in den Händen hielten. Kaum hatte der Engel seine Worte beendet, begann der unglaubliche Lichterglanz zu verblassen und wie zuvor funkelten die Sterne am nächtlichen Himmel. Nur das dieses Mal über Bethlehem ein besonders heller Stern leuchtete.“

Beim Erzählen war die Zeit wie im Fluge vergangen. Die Sonne neigte sich bereits tief nach Westen und stand wie eine dunkelrote Scheibe am Himmel.

„Die Hirten machten sich auf die Suche nach dem Schafstall und fanden diesen in Bethlehem, über dem der helle Stern erstrahlte. Auf dem strohbedeckten Boden lagen Maria und Joseph. Daneben in einer Krippe aus Holz befand sich ein in Windeln gewickeltes Wesen. Es war ein Knäblein ... Zur selben Zeit kamen von weit her, aus dem Morgenland, drei weise Männer und suchten ebenfalls nach dem kleinen Kinde. Der hell leuchtende Stern hatte ihnen den Weg gewiesen. Als die gelehrten Männer sahen, dass der Stern über einem Stall stehen blieb und diesen mit seinem gleißenden Schein umhüllt, waren sie hoch erfreut. Sie gingen in den Stall und fanden das Kind und Maria seine Mutter. Die Weisen fielen auf die Knie, beteten den Knaben an und breiteten dann ihre Geschenke aus“.

Plötzlich blickte die Großmutter erschrocken auf und sprach aufgeregt: „Kinder, jetzt müsst ihr euch aber beeilen, dass ihr vor dem dunkel werden noch zu Hause seid.“

Schnell hatten sich die beiden angezogen, verabschiedeten sich von der Großmutter und begaben sich auf den Heimweg.

Für die Geschwister schien sich der Weg über das freie Feld bis zum Wald endlos hinzuschlängeln. Mühsam stapften sie durch die tiefen Schneewehen, die sich an vielen Stellen gebildet hatten.

Wild tanzten die Schneeflocken herunter, die wie scharfe Eiskristalle in die Gesichter fegten.

Der Ostwind nahm an Kälte und Stärke zu. Die ersten dunklen Wolken jagten bereits über die nahen Berge heran.

Kurz darauf setzte starkes Schneegestöber ein.

Der Wind peitschte die Flocken empor und trieb dünne weiße Wände vor sich her. Die Heftigkeit des Windes verstärkte sich zum Sturm.

Die Hütten des Dorfes und der nahe Wald verschwanden hinter den heranfauchenden Flockenhaufen.

An den Händen haltend mussten die Kinder sich gegen den Wind stemmen, um überhaupt vorwärtszukommen.

Ungeheure Schneemassen mengten sich immer wieder in die kalte Winterluft.

Es heulte und jaulte.

Da tauchte endlich der schützende Waldrand aus der weißen Schneewand auf.

Hansi ließ für einen Moment seine Schwester los, sogleich riss eine Windböe das Mädchen von den Beinen. Mühsam raffte es sich wieder auf, wobei der Pulverschnee in die Ärmel der Jacke kroch.

Mit klopfendem Puls, Knie und Hände zitternd, erreichten sie den schützenden Waldrand.

Einen tiefen Seufzer der Erleichterung ausstoßend griff Hansi nach dem nächsten überhängenden Baumzweig, um sich aufrecht halten zu können. Mit der noch freien Hand zog er seine Schwester in den Wald, wo sie endlich Schutz vor dem eisigen Wind fanden.

Es knackte in den Zweigen.

Es karrten die Stämme.

Die Nacht begann ihre schwarzen Schleier aufzuhängen.

Und weiter ging es, stapfend durch den tief verschneiten Winterwald.

Hier konnte der Sturm nicht mehr mit den Kindern sein Spiel treiben.

Sie überquerten Stellen, an denen die Luft so still war wie hinter einer hohen Mauer, und nur das Gebrüll zu ihren Häuptern und das Ächzen und Wiegen der Stämme war ein Zeichen dafür, dass der Sturm nichts von seiner Kraft verloren hatte.

Durch tiefen Schnee und über kahlgefegte Flächen ging es vorwärts.

Als sie an den dunklen Silhouetten riesiger Tannen, die mit ihren schneebedeckten Zweigen zu winken schienen, vorbeikamen, wurde der Weg noch beschwerlicher.

Die Schneedämmerung und die Finsternis des Waldes belebten sich mit tausendfachen, wirbelnden Gestalten der Phantasie.

Nicht nur dem Mädchen, sondern auch dem Jungen überkam die Angst laut aufzuschreien, und sie brachten doch keinen Laut hervor.

Die Kinder hatten den Weg verloren und standen hilflos in der Finsternis des Waldes.

Überall lag die gleiche einförmige, weiße Schneeschicht, und nirgends war ein Weg, geschweige noch ein Pfad zu sehen.

Erst leise, dann immer lauter riefen sie: „Hiiilfe ...! Hiiilfe ...!“

Vergeblich war all ihr verzweifeltes Rufen.

Wer sollte sie auch um diese Zeit in der Schneehölle hören?

So irrten die Kinder durch den finsteren Winterwald und sie wussten zum Schluss nicht mehr ein, noch aus. Die Angst und der Frost trieben sie immer tiefer in den verschneiten Wald hinein.

Fürchterlich war die Eiseskälte.

Da nützten letztlich auch die Handschuhe nichts mehr. Die Finger froren steif, wie auch die Zehen.

Und die Knie.

Und die Waden.

„Es ist so schrecklich kalt“, flüsterte Heidi mit zitternder Stimme. Das Mädchen fröstelte am ganzen Körper. „Ich kann nicht mehr weiter. Hansi, lass uns etwas ausruhen.“

Sie fanden eine Stelle, wo dichtes Astwerk den Schnee abgefangen hatte und den Boden nur fußhoch bedeckte. In der trockenen Höhle, die sich unter einer Wurzel befand, ließen sie sich für einen Moment nieder, um sich auszuruhen. Selbst Laub und Moos gab es hier. Die beiden Kinder kuschelten sich in dem warmen Nest immer enger zusammen.

Es war bereits dunkel geworden, da die Dämmerung wohl an diesem Tage eine Stunde früher zugenommen hatte.

Und die Kinder waren noch immer nicht zu Hause eingetroffen. Hatten sie sich etwa verlaufen?

Die besorgten Eltern machten sich auf die Suche nach ihren Sprösslingen.

Die Windsbraut schien einen mächtigen Hassgesang anzustimmen, allen Irdischen hohnlachend. Zuletzt war nur noch das lange, nicht enden wollende Geheule zu hören.

Stunden lang dauerte die Suche und es half weder Rufen noch Schreien.

Schaudernd standen die Eltern in dem pfeifenden, eisigen Wind und legten nach jedem Rufen lauschend die Hände an die Ohren, wie jemand, der erwartete, dass man eine Antwort erhielte.

Jedoch alles war vergebens, nur immer mächtiger sauste und brauste es und schüttete die weiße Last auf Wald, Flur und Haus. Die wirbelnden Schneewände verschluckten jeden Laut.

Die Eltern mussten unverrichteter Dinge umkehren.

In der Zwischenzeit lagen die Kinder in der schützenden Höhle.

„Du darfst nicht einschlafen“, flüsterte der Junge besorgt.

„Hab keine Angst, ich schlafe nicht“, kam zähneklappernd mit schon leiser werdender Stimme die Antwort.

Erschrocken riss Hansi die Augen auf. Er musste kurz eingeschlafen sein.

Erneut fielen dem Jungen für Sekunden die Augen zu, aber die Furcht zu erfrieren, zwang ihn auf die Beine.

Plötzlich, eine unheimliche Stille.

Der Knabe schaute verwundert auf.

Das Unwetter war vorübergerast.

Der Wald stand jetzt ruhig. Er schien schwer zu atmen und sich in die grenzenlose Stille einzuhüllen, die über der Erde schwebte. Es war so still geworden, dass kein Zweig sich rührte; nur wenn eine Eule sich auf einen Ast setzte, fiel ein Stück Schneebehang mit halblautem Geräusch herab.

Hansi bemühte sich, die steifen Arme auszustrecken, um das Blut wieder in Bewegung zu bringen. Er klopfte sich den Schnee herunter, dabei sich nach seiner Schwester umsehend. Diese starrte mit weit aufgerissenen Augen an ihm vorbei und sprach mit ungläubigem Ton in der Stimme: „Schau! ... So schau doch, Brüderchen!“

„Was ist denn?“

„Schau doch ... dort ... den Tannenbaum!“

Hansi drehte sich um und was er da zu sehen bekam, verschlug ihm die Sprache.

Die Kinder hatten am Rande eines alten Kahlschlages Schutz gefunden. Weit verstreut standen hier große und kleine Tannen.

Tausende Sterne leuchteten am dunklen Himmelszelt und der gelbe Mond tauchte alles in milchiges Licht.

Inmitten einer wie ein Silberfeld leuchtenden freien Schneefläche reckte eine herrliche Tanne ihre weit ausladende Krone in den Himmel.

Goldiger Schein umkoste den schönen Baum.

Auf jedem Zweig ein Schneestreifen, an den Zweigspitzen kleine Eiszapfen, die glitzerten und flimmerten im Licht unzähliger Kerzen, die ringsumher auf den Zweigen feierlich flackerten. Aus dem halbverschneiten, dunklen Gezweig schauten die roten Backen der Äpfel hervor. Gold- und Silbernüsse blitzten und funkelten. Ganz oben auf der Spitze der regelmäßig gewachsenen Tanne leuchtete ein heller Stern, der dem Stern, der über dem Schafstall in Bethlehem geleuchtet hatte, verdammt ähnlich sah.

Und neben dem Baum stand das Christkind in einem langen weißen Pelzkleidchen, das Mützchen voll Schnee, mit rot gefrorenem Näschen und lachte über das ganze Gesicht.

Der Weihnachtsmann neben ihr trug einen dicken roten pelzverbrämten Rock, schwarze Stiefel, eine rote Mütze, und sein weißer Bart flatterte im Wind.

Er winkte den Kindern zu.

Und dann war da noch der mit Geschenken beladene Schlitten, den sechs Rentiere zogen.

Vor Glück und Seligkeit leuchteten da die Kinderaugen.

Der Nachtwind trug das helle „Bim! ... Bim! ... Bim! ...“ einer fernen Glocke herüber.

Wie ein Spuk verschwand die Erscheinung. Nur auf der Tannenspitze blitzte noch ein goldenes Licht, dass die Finsternis erhellte.

Der goldene Stern!

„Sieh nur, Schwesterchen, dort das goldene Licht, gleicht es nicht dem Stern, der die Hirten von Bethlehem und die Weisen aus dem Morgenland zum Christkind geführt hat.“

„Ja, er muss es sein. Vielleicht zeigt er uns den Weg nach Hause.“

Und zu Hause saßen, die besorgten Eltern, die nach der erfolglosen abgebrochenen Suche nach den Kindern sich immer wieder die Frage stellten: „Wo sind nur unsere Lieben? Ist ihnen etwas zugestoßen?“

Langsam stieg das goldene Licht von der Spitze des Tannenbaums als Stern klar funkelnd zum nächtlichen Winterhimmel empor und verharrte einen Moment, wie um sich zu überzeugen, dass die Kinder ihm folgten.

Langsam setzte der Stern sich in Bewegung und die Zwillinge folgten ihm. Jedes Mal, wenn diese erneut vom Weg abkamen, erblickten sie zwischen den Wipfeln der Bäume den Stern, der sie immer wieder auf den richtigen Weg zurückführte.

Heidi stapfte müden Schrittes hinter ihrem Bruder her.

Und hoch am Himmel wies der helle Stern den Weg.

Stunden schienen vergangen zu sein, als die Geschwister endlich den Waldrand erreichten. Vor ihnen lag die weite Ebene in stiller weißer Pracht. Nur hier und da wirbelten Wölkchen von nicht greifbarer Gestalt auf, flogen überall umher und gerieten den Kindern ins Gesicht.

Aus den unweit vom Walde stehenden Häusern des Dorfes drang mattgoldener Weihnachtsschein herüber.

„Dort, unser Häuschen!“, jubelten die Kinder.

Ganz traurig stand es da, als würde ihm etwas fehlen.

Wie weggeblasen war all die Müdigkeit. Die Kinder begannen zu laufen und erreichten nach kurzer Zeit das Elternhaus.

Beim Öffnen der Haustür fuhr die Mutter auf. Ein dickes Buch hätte man sicherlich davon schreiben können, was das Herz der armen Frau gefühlt haben mochte und was ihr alles durch den Kopf gegangen war. Als die Kinder aber jetzt in die warme Stube stürmten, kam ein leises „Vergelt’s Gott“ über die Lippen der Mutter.

War das auf einmal eine Freude in dem kleinen Haus! Alle trüben Gedanken waren wie weggeblasen. Die Kinder fielen der Mutter um den Hals. Mit Tränen verschleierten Augen drückte sie ihre Lieben an das Herz. Selbst der Vater, der das friedliche Bild vor dem Weihnachtsbaum betrachtete, bekam einen feuchten Blick, der seine Augen wie zwei Weihnachtslichter leuchten ließ.

Glänzende Kinderaugen erblickten in der Wohnstube einen herrlichen Weihnachtsbaum. Das flackernde Licht der weißen Kerzen spiegelte sich, in den an den grünen Zweigen hängenden bunten Glaskugeln. Zwischen allen schwebten bunte Holzengel an dünnen silbernen Fäden und auf der Baumspitze strahlte der goldene Stern.

„Sie nur, Schwesterchen, da ist er wieder! Dort der goldene Stern auf der Tannenspitze, der uns auf dem Weg nach Hause begleitet hat!“

„Ja, er ist es!“

Nie zuvor hatten die Lichter am Tannenbaum den Kindern so hell gestrahlt, und nie zuvor hatten sich Eltern und Kinder so lieb gehabt wie an diesem Heiligen Abend. Es war so viel Sonne im Häuschen, so viel Freude und Lachen, dass sie meinten, die vier, es reiche fürs ganze Leben.

An der Front = Weihnachten 1942

Weihnachten stand vor der Tür, und der klirrende Frost in der Steppe war noch stärker geworden. Brennmaterial war überhaupt keins mehr da, und allmählich musste selbst mit Streichhölzern und Talglichtern gespart werden.

Am Tag vor Heiligabend begann es zu schneien. Dicke Flocken segelten langsam aus dem grauen Himmel, der den ganzen Tag über nicht recht hell werden wollte. Am Nachmittag, des 23. Dezember hörte das Schneetreiben auf, als wollte die Natur wenigsten Heiligabend ruhe geben.

Todesangst überschattete Weihnachten 1942 in Stalingrad, einen Heiligen Abend allerdings wie Werner keinen bisher je erlebt hatte und auch nicht wieder erleben wollte. Am Tage hingen tiefe graue Wolken über der mit endlosem Schnee bedeckten Steppe und nachts schien der fahle Mond in einer sternenklaren Nacht über der eisigen Landschaft, derselbe Mond, so wie er in Deutschland gesehen wurde.

Die Kälte war erbarmungslos.

Der Gefechtslärm war in der *Heiligen Nacht* nicht stärker als sonst.

Ab und an ein Schuss.

Über den deutschen Stellungen die gewohnten nächtlichen Flieger.

Der krasse Gegensatz zwischen der brutalen Wirklichkeit des Krieges und der weihnachtlichen Friedensbotschaft ließ sich durch Worte nicht aus der Welt schaffen.

Das spürte jeder an diesem Abend.

So wurde es ein sehr stilles Gedenken, fast herrschte Grabesstille.

Hier und dort brannte in den Schneelöchern oder in den mühsam in den gefrorenen Boden gehackten flachen Löchern, einsam eine Hindenburgkerze. Es war sicherlich die Letzte. Und irgendwer hatte ein einfaches Holzkreuz mit einer geschnitzten Figur beschafft.

Aus dem Unterstand klangen Weihnachtslieder aus rauen Landserstimmen herüber.

Im Gedanken war Werner zu Hause bei seinen Eltern, die sicherlich unter einem Tannenbaum mit brennenden Lichtern und blitzenden Weihnachtskugeln in der warmen Wohnstube saßen. Die raue Wirklichkeit sah hier ganz anders aus, man brauchte nur wenige Schritte zu tun, dann spürte man den Krieg.

Weihnachten?! ...

Wenigstens gaben die Russen an diesem Tage, bis auf ein paar Spähtrupptätigkeiten Ruhe.

Im Unterstand saßen die Männer um einen Langwellenempfänger und hörten die weihnachtliche Ringsendung mit dem halb brüllenden Hitler:

> *„Und unsere deutschen Truppen halten bis zum letzten Mann tapfer in Stalingrad aus."*

Die Weihnachtssendung des großdeutschen Rundfunks klang in den Ohren der Stalingradkämpfer wie Hohn. Es wurden Grüße vom Eismeerhafen bis nach Afrika, von der Atlantikküste bis zur Wolga - über fünfzigtausend Kilometer von den verschiedenen Kriegsschauplätzen in die Heimat übermittelt.

„Ich rufe Stalingrad!" klang die beschwörende Stimme des Sprechers in allen Wohnstuben des Reiches, und Stalingrad meldete sich: *„Hier ist Stalingrad. Hier ist die Front an der Wolga!"*

Soldaten meldeten sich, um Grüße nach Hause durchzugeben. Es waren hoffnungsvolle Meldungen, rührende Meldungen, die von der nationalsozialistischen Propaganda für ihre Durchhaltekampagne missbraucht wurden. Die wahre Stimmung von der Front kam nicht über den Äther.

Ohnmächtige Wut machte sich unter den Kameraden vor dem Rundfunkempfänger breit, geprägt von der Verzweiflung und der Angst vor den Russen, vor der Gefangenschaft, falls sie überlebten.

Und dann kam auch noch *Stille Nacht, Heilige Nacht* durchs Radio, und es gab keinen der nicht geweint hätte. Selbst dem härtesten Landser standen die Tränen in den Augen. In Gedanken bei der Familie daheim hier und da unterdrückte Schluchzer nicht nur über die Lippen der jungen Soldaten. Die heute das erste Mal Kriegsweihnachten im Felde feierten, auch manch alter Haudegen wischte sich vor Rührung eine heimliche Träne aus den Augenwinkeln.

Es war ein trauriges Weihnachtsfest, ohne Tannenbaum, ohne Kerzen, einfach ohne alles. Pro Mann gab es einen Esslöffel voll Erbsen, zwei Esslöffel voll Kartoffelbrei aus Kartoffelflocken und zwei Riegel Schokolade.

Spät am Abend traf dann auch noch über Funk die Meldung ein, Hoth sei gezwungen den Rückweg anzutreten. Die Männer waren wie gelähmt. Der letzte Hoffnungsschimmer aus dem Kessel auszubrechen war dahingeschwunden.

Deprimierende Stimmung.

Die Gesichter der Männer prägten die Spuren von Not und Leiden, aber auch der Enttäuschung im Stich gelassen worden zu sein.

Werner verließ den Unterstand und schaute gedankenverloren über die endlose Weite der Wolgasteppe, über der eine seltsame Stimmung lag.

Natur mit Schnee, Eis und Kälte und eine frostklare Mondscheinnacht mit etwa 15 bis 20 Grad Celsius Kälte.

Da ein einsames Bäumchen, schwer neigten sich die Äste unter der Schneelast.

Ab und zu ein Schuss, hoch oben der gewohnte Flieger, sonst ein prächtiges Stimmungsbild, alles glitzerte im Mondschein, eine einzigartige *Heilige Nacht* am Wolgastrand, viele, viele Kilometer fern von der Heimat.

Werner hatte Glück, was hieß hier Glück, er konnte die nächsten zwei Tage in der hinteren Stellung verbringen.

Mittags gab es einen gebratenen Hund bei der Geschützbedienung - ein Festessen.

Abends hockte er trübsinnig in der Ecke, träumte von der Heimat.

Das ist nun Weihnachten dachte er, das Fest des Friedens und der Versöhnung.

Einmal waren auch die zwei Tage vorbei und Werner musste wieder mit hinaus in die Stellungen. Dies geschah nachts und sie befand sich nicht weiter als 200 Meter von den russischen Linien entfernt.

Und wie es nicht anders sein konnte, eröffnete am nächsten Tag der Russe das Feuer aus allen Rohren. Ein fürchterliches Trommelfeuer ging auf die deutschen Stellungen nieder. Plötzlich brach es ab und über Lautsprecher wurden Feldpostbriefe vorgelesen, die, die Russen erbeutet hatten. Sie wussten genau, welche Einheiten ihnen gegenüberlagen. Die Feldpostbriefe betrafen dann auch dem Angehörigen dieser Einheiten. Frauen schrieben da an ihre Männer, Eltern an ihre Kinder, Kinder an ihre Väter. Und dann sagten die Russen im perfekten Deutsch:

> *„Ihr werdet eure Angehörigen nicht wiedersehen, wenn ihr weiter kämpft. Aber ihr könnt jetzt überlaufen! Ihr könnt rüberkommen und euch eure Briefe abholen. Wir garantieren euch ärztliche Versorgung, Essen und gute Behandlung."*

Es war deprimierend.

Werner und viele seiner Kameraden waren gerade 19 Jahre alt und sollten begreifen, dass das Leben für sie zu Ende sein sollte.

Geglaubt aber hatte den Russen keiner.

Werner hatte deutsche Stellungen gesehen, die den Russen kurzfristig noch einmal abgenommen wurden, und da lagen deutsche Soldaten, denen die Russen die Köpfe eingetreten hatten. Und es waren nicht wenige. Bei der Kälte konnte man das gut sehen, die Stiefelspuren.

Die sowjetische Propaganda warf auch ein *Weihnachtsflugblatt* ab, mit einem Gedicht von Erich Weinert, einem deutschen Schriftsteller, der im Moskauer Exil lebte:

„Ich bring euch keine Goebbels-Mär.
Ich bring euch keine Feindeslist,
ich bring die Wahrheit, wie sie ist.
Die Wahrheit ist: Der Tag ist nah,
da ist kein Hitlerstaat mehr da.
Wie glücklich, wer zu dieser Frist
noch unversehrt am Leben ist.“

Gleichzeitig machte eine Parole unter den Landsern die Runde: *„Haltet aus, der Führer haut euch raus!“*

In den nächsten Tagen war die Schlacht um den Mamajew Hügel wieder im vollen Gange. Ununterbrochen explodierten Granaten, verbissen wurde um jedes Haus, ja um jeden Keller gekämpft.

Im Schneetreiben wurde Meter um Meter gewonnen, jeder Meter mit zehn Toten erkauft.

Und in der Nacht ging diese Stück Gelände wieder verloren.

Umsonst die tausend Toten!

Der Engel nach Weihnachten!

Weihnachten war vorbei und ich begann den Weihnachtsbaum abzuschmücken, die farbigen Glaskugeln und die elektrische Weihnachtsbeleuchtung zu verpacken. Die geschnitzte Holzpyramide wanderte in ihre Schachtel. Zum Schluss blieben nur noch die Krippe und die weiß, rot, grün und blau bemalten Weihnachtsengel mit ihren goldenen Flügeln übrig.

Ich holte die dazugehörige Schachtel aus dem Schrank, die mit Watte ausgelegt war, und legte einen Engel nach den anderen in sein weiches Bett.

Als ich den letzten Engel in der Hand hielt, betrachtete ich ihn, zögerte für einen Moment und sagte dann zu ihm: „Du bleibst!"

Erschrocken fuhr ich zusammen, als der Engel antwortete: „Warum willst du mich nicht zu den anderen Engeln legen? Ich gehöre ja schließlich zu ihnen."

„Du kommst in die Schrankwand. Ich brauche für das ganze Jahr ein bisschen Weihnachtsfreude!"

„Da hast du aber Glück gehabt!"

„Wieso?"

„Na ich bin der einzige Engel, der reden kann!"

„Stimmt!" Jetzt erst fiel es mir auf. Ein Engel der Reden kann? Das gibt es gar nicht, denn ich hatte noch nie etwas von einem redenden Holzengel gehört.

„Sag, wieso kannst du eigentlich reden, obwohl du aus Holz bist?"

„Das will ich dir erklären. Du hast mich wegen der Weihnachtsfreuden zurückbehalten und nicht aus Versehen. Deswegen kann ich mit dir reden. Und übrigens ich heiße Gabriel!"

Ich stellte die eingepackten Weihnachtssachen in den Abstellraum nur Gabriel, in seinem langen blauen Gewand, mit einem goldenen Füllhorn in der Hand blieb zurück. Er erhielt den versprochenen Platz in der Schrankwand.

Ein Füllhorn, von dem ich erst dachte, es sei nur ein Kerzenhalter, da hatte ich mich aber getäuscht.

Gabriel stand vor den Karl-May-Bänden, neben einer Kristallschale auf einem gehäkelten Deckchen und jedes Mal, wenn ich mich über etwas ärgerte, hielt er mir das Füllhorn hin und sprach: „Komm, wirf deinen Ärger hier rein!“

Gesagt, getan und weg war der ärger.

Manches Mal war es nur kleiner Ärger, wo das Füllhorn half, aber auch bei großem Ärger, Not und Leid verfehlte es seine Wirkung nicht.

Und wenn ich einmal skeptisch war und zu zweifeln begann, kam stets die Antwort von Gabriel: „Wirf einfach rein und glaube an mich!“

Ich befolgte seinen Rat und warf meine Sorgen und meinen Kummer in sein Füllhorn.

So viel ich auch in das Füllhorn hinein warf, es war immer leer.

Neugierig geworden fragte ich Gabriel eines Tages: „Wo bringst du nur all die Probleme hin?“

„Ich bringe sie zu dem kleinen Kind, das da in der Krippe liegt.“

„Wieso gerade zu dem Kleinen in der Krippe? Was kann so ein Knirps schon mit meinen Problemen anfangen?“

Gabriel antwortete lachend: „Pass auf, das kleine Kind in der Grippe, obwohl es noch so klein ist, hat bereits ein großes Herz und in dieses Herz lege ich deinen Kummer. Verstehst du das?“

„Das ist schwer zu verstehen!“

„Was gibt es da nicht zu verstehen?“

Nach kurzem Nachdenken antwortete ich: „Ich verstehe es trotzdem nicht, aber ich freue mich. Ist das nicht komisch?“

Gabriel runzelte die Stirn und sagte: „Das ist gar nicht komisch, sondern die Weihnachtsfreude, verstanden?!“

Jetzt neugierig geworden wollte ich von dem Engel viel in Erfahrung bringen.

„Pst“, sagte Gabriel leise und legte einen Finger auf die Lippen. „Nicht reden! Nur freuen!“

Auf einmal wollte ich Gabriel noch vieles fragen, aber er legte nur den Finger auf dem Mund.

„Pst!“ sagte er. „Nicht reden! Freuen!“

Wie wäre das, wenn ihr auch einmal einen Engel zurückbehaltet wie ich, um die gleichen Erfahrungen zu machen, mit den Weihnachtsfreuden.

Spitzt dann die Ohren und ihr werdet die beiden Worte hören: „Wirf rein!“

Ein Engel auf Erden

Nicht immer haben Engel Flügel,
weißes Gewand und goldenen Schein.
Sie leben oft auch auf den Erden Hügel
und das ist für die Menschen fein.

Ein Engel, irdisch und ganz menschlich,
der öffnet weit des Herzens Tor,
nur einfach da sein für Dich
und stets leiht Dir willig sein Ohr.

Ein Engel hat Geduld und Liebe,
sagt nie: Ich habe keine Zeit!
Was wäre, dass, wenn er nicht bliebe
und wäre niemals zur Hilfe für dich bereit.

Ich wünsche Dir auch solchen Engel,
damit mit seinem behütenden Schein,
der unverbesserliche Bengel,
für immer in deinem Herz wird sein.

In eigener Sache

Neben dem Waldweg, die Tannen in einer Flucht.
Es war ganz in der Nähe der Drachenschlucht.
Lief ich durch den verschneiten Winterwald,
denn Weihnachten war es bald.

Blitzende Strahlen durch die hohen Tannen blickten,
vom Himmel wie kleine Diamanten zur Erde flitzten.
Die schneeweiße Fläche glitzerte, wie das Haar einer Fee.
Jeder Schritt knirschte im verharschten Schnee.

Ein kurzer Lufthauch blies hin und wieder,
Schnee von den Zweigen, der zur Erde fiel nieder.
Im Unterholz knackte es leise,
der Wind spielte auch hier seine Weise.

Herrlich der Wintertag, ich Schritt unbeirrt weiter.
Der Baumbestand wurde dichter, der Weg breiter.
An einer verschneiten Lichtung blieb ich stehen,
eine schlanke Tanne, bekam ich da zu sehen.

Es war nicht nur irgendeine Tanne, ich da dachte.
Ihr Schmuck, der sie zu etwas Besonderem machte.
Unbekannte hatten ihr ein festliches Kleid gegeben.
Da sagt man noch es gibt keine Phantasie, von wegen.

Bunte Glaskugeln schimmerten an den Zweigen.
Bemalte Holzengel tanzten dazwischen ihren Reigen.
An silbernen Fäden zusammengerollte Zettel hingen,
beschrieben mit dem, was das Christkind sollte
bringen.

Ihr glaubt es nicht was auf diesen Zetteln stand,
auf einigen kein Wunsch, sondern Gedichte ich fand.
Auch Weihnachtsbilder gemalt von Kinderhand,
Geschichten zum Christfest ergänzten das bunte Band.

Rasch war die Gunst des Augenblicks vergangen,
war immer noch von den schönen Dingen befangen.
Es war, als wäre Heilig Abend jetzt schon hier
und der Weihnachtsmann stände vor der Tür.

Zwei Gedichte, an der Tanne haben mich angezogen,
sie abzuschreiben, hat mich dann dazu bewogen.
Leider habe ich über die Erschaffer nichts gefunden.
Ich hätte ihren Namen in diesen Band mit
eingebunden.

Welches sind nun die zwei Weihnachtsgedichte,
die sich hier wiederfinden nach der erlebten
Geschichte.
„Das Gespräch der Adventskerzen“ wurde ausgewählt,
und auch was „Der Engel nach Weihnachten“ erzählt.

Knallfrösche

Knisternden Flammen, gierig leckende Feuerzungen, das zuckende sich widerspiegelnde grelle rötliche Farbenspiel des Feuers hatte schon seither eine bizarre Anziehungskraft auf den Menschen ausgeübt. Dazu gehört auch das Feuerwerk. Es gibt kaum ein Kind, das nicht jauchzend in den Himmel schaut, wenn die Raketen, hoch oben explodieren und sich zu einer sternenreichen in rötlichen Farben schimmernden Feuerblume entfalten.

Und sind die Kinder erst einmal größer, möchten sie unbedingt, wenn es schon keine Raketen sind, dann wenigstens Knaller in die Luft jagen. Böllern, toben und Dinge machen, die sonst *verboten* sind. Oft werden dabei die Warnungen der Eltern in den Wind geschlagen, denn sie sind viel zu fasziniert von dem kunterbunten und im wahrsten Sinne des Wortes, um die Ohren knallenden Spektakels.

Zu ihnen gehörte auch ein zwölfjähriger Junge, dem es ebenfalls schwer fiel auf diese Freunde und den Spaß zu verzichten.

Es war wieder ein Jahr vergangen und Martini stand vor der Tür, eine willkommene Gelegenheit, aus Mangel anderer Möglichkeiten selbst gebastelte Knallfrösche unter die auf dem Marktplatz versammelte Menschenmenge zu schmeißen. Es war immer ein tierischer Spaß, die Teile rumhüpfen zu sehen und wie sie den flüchtenden Leuten förmlich nachsprangen, als wäre eine magische Anziehungskraft vorhanden, egal wie weit man vom Frosch entfernt gestanden hatte.

Andrerseits war auch genau diese Eigenschaft das Gefährliche an einem Knallfrosch. Wem schon einmal so ein Ding in Gesichtsnähe explodiert oder in die Klamotten gesprungen ist, der weiß genau, wovon hier die Rede ist.

Ja Martini stand vor der Tür. Wem ist dieses Wort, ob groß oder klein nicht bekannt. Besonders die Kinder verbinden es mit einem Umzug in den späten Abendstunden.

Was ist aber das Besondere an diesem Tag?

Martini, es ist ein Tag, der auf den elften des Monats November fällt.

Die einen sagen, der Laternenumzug stamme von der Suche nach dem Mönch Martin ab. Da er geflüchtet war, weil er nicht Bischof von Tours werden wollte, suchten ihn die Menschen in der Nacht mit Fackeln, Laternen und Leuchten.

Andere gehen wiederum davon aus, dass es am Grab des Heiligen Martin viele Lichtumzüge gegeben hat.

Dieser Tag bezieht sich jedoch auch auf Martin Luther, da er an diesem Tage getauft wurde.

Wochen vorher begannen Groß und Klein, Jung und Alt schon mit der Vorbereitung des Martinsfestes. Laternen wurden in der Grundschule und in den Kindergärten gebastelt. Und die Erwachsenen machten sich Gedanken um das leibliche Wohl, Martinsgänse wurden gebraten, Martinsbrezeln gebacken und auf dem Marktplatz die Verkaufsstände für die kulinarische Versorgung nach dem Martins Zug aufgebaut.

All dies interessierte Klaus nicht sonderlich, denn so hieß der 12-jährige Knabe. Sein Trachten bestand, darin in den Besitz von Knallfröschen zu kommen. Da es diese nicht zu kaufen gab, blieb ihm nichts anders übrig selber welche basteln. Was dazu benötigt wurde, wusste er von den größeren Jungens, denn er hatte schon zugeschaut, wenn diese Knallfrösche herstellten.

Jetzt hieß es nur eine günstige Gelegenheit abzupassen, wo er allein zu Hause war. Das weiße Pulver, das im Wasser aufgelöst werden musste, hatte er sich aus dem Garten des Opas besorgt. Zeitungen, Löschpapier und dünner Draht lagen griffbereit.

Es war drei Tage vor Martini, an dem die Mutter die Großmutter besuchen wollte.

„Mach mir keine Dummheiten, wenn du jetzt alleine zu Hause bist?“, ermahnte sie Klaus, bevor sie das Haus verließ.

„Aber Mutti, du kennst mich doch!“

„Genau!“

Kaum war die Haustür hinter der Mutter ins Schloss gefallen machte sich der Junge an die Arbeit. Schnell wurde das weiße Pulver in etwas Wasser aufgelöst und das Löschpapier in schmale Streifen geschnitten. Diese Streifen legte Klaus in die Flüssigkeit und wartete, bis sich diese vollgesogen hatten.

Zum Trocknen legte er die ersten zehn Streifen, auf die Eisenplatte des heißen Küchenherdes, in dem ein knisterndes Holzfeuer, die notwendige Hitze erzeugte.

Es dauerte nicht lange und die Löschpapierstreifen, begannen sich zu wellen. Das Zeichen dafür, dass sie trocken waren.

Schnell nahm der Junge die Streifen von der Herdplatte und legte die nächsten zehn darauf.

Und dann geschah etwas, wo mit er nicht gerechnet hatte. Irgendwie musste er es verpasst haben, die Löschpapierstreifen rechtzeitig von der heißen Eisenplatte des Ofens zu nehmen. Das Löschpapier begann sich immer mehr zu wellen und entzündete sich mit einer zischenden Stichflamme.

Erschrocken wich der Junge zurück. Es war sein Glück, dass er nicht so dicht am Herd stand, sonst wäre es nicht ohne Verbrennungen abgegangen.

Schwarz von Ruß war die Zimmerdecke über dem Ofen.

Oh je, wie sollte er das nur der Mutter beibringen?

Als die Mutter, dann etwas später die Küche betrat, kann sich ein jeder vorstellen, was da Klaus zu hören bekam. Es waren keine freundlichen Worte.

„Was hast du denn da wieder für einen Blödsinn angestellt?“

„Ich wollte doch wie die großen Jungens ...“

„Das will ich überhaupt nicht wissen“, unterbrach die Mutter ihren Jungen. „Du weißt doch, was das jetzt für Folgen für dich hat?“

„Aber Mutti ...“

„Nichts da aber Mutti. Eine Woche Stubenarrest und du hilfst dem Vati den Schaden wieder zu beseitigen.“

Wie ein begossener Pudel verließ der Junge die Küche und ging auf sein Zimmer.

Am nächsten Tag dachte der Junge zwar noch an das Malheur in der Küche, aber er hatte ja zehn getrocknete Löschpapierstreifen, aus denen er jetzt Knallfrösche herstellen konnte. Und die konnte er nicht so einfach fortschmeißen. Zeitungspapier wurde wie zu einem Fidibus gefaltet, in dessen Mitte er einen der Löschpapierstreifen legte, der wie eine Lunte auf der einen Seite raus schaute. Jetzt hieß es diesen Fidibus nur noch mehrfach zu Knicken und mit dem Draht zusammenzubinden.

Und fertig war der Knallfrosch. Nicht nur einer, sondern zehn Stück.

Und dann kam der langersehnte Tag heran. Trotz des starken Nieselregens und der gefühlten eisigen Temperaturen fanden sich viele kleine Gäste mit ihren Lichtern und Laternen zum Martinsfest auf dem Marktplatz ein.

Papierlaternen, gestaltet als Mond, als Kugel, als Stern oder längliche Ziehharmonika in denen ein Lichtlein brannte in den Händen haltend, ging es dann durch die Straßen und Gassen der Stadt.

Fröhlich und ausgelassen war die Kinderschar. Dunkle Straßenzüge wurden von Kinderlachen und tanzenden Laternenlichtern erhellt. Begleitet von den Eltern, die darauf Obacht gaben, dass in diesem ganzen Trubel ihren Sprösslingen nichts geschah.

Hin und wieder explodierte mit lautem Krachen ein Knaller.

So ein Laternenzug bei annähernd 0 Grad Celsius machte hungrig. Wieder auf dem Marktplatz angekommen schmeckten die Martinsbrezeln, eine Brezel aus süßem Hefeteig, den Erwachsenen ein Schluck Glühwein und den Kindern warmer Kakao besonders gut. Würde die Kälte nicht dennoch unter den Mantel kriechen, man würde noch tratschen und scherzen.

Jetzt schien es für Klaus der geeignete Zeitpunkt zu sein seine Knallfrösche zu zünden. Er legte den Ersten ordnungsgemäß auf den Boden, zündete ganz aufgeregt mit dem Stabfeuerzeug des Vaters das herausragende Stück Löschpapier an.

Zischend sprühten Feuerfunken aus dem zusammengefalteten Papier.

Erschrocken zuckte der Junge zusammen und wollte sich in Sicherheit bringen.

Ein Knall und dann noch ein Knall!

Der Knallfrosch verfolgte Klaus mit großen Sätzen, die begleitet wurden mit lautem Knallen. Als der Junge erschreckt die Richtung änderte, tat der Knallfrosch das Gleiche. Wie ein Flummi sprang er hinter her. In der Tat er sprang bis zu einem Meter hoch und höher.

Hinter einem Baum hatte sich der Junge in Sicherheit gebracht und schaute vorsichtig hinter diesem hervor.

Als wenn nichts geschehen wäre, lag der Knallfrosch als verbranntes papiernes Etwas da.

Klaus hatte noch einmal Glück gehabt. In diesem Moment war im klar geworden, wie gefährlich unkontrolliert herumhüpfende Knallfrösche wirklich sein konnten. Wenn es ganz schlimm gekommen wäre, hätte er sich die Augen verletzen können.

Und was wäre dann gewesen?

Unvorstellbar!

Feuerwerkskörper gehören nun einmal nicht in Kinderhände, denn spätestens, wenn sie zündeln und zünden sind alle Warnungen wieder vergessen.

Die Christmette in der Husenkirche

Es war an einem Sonntag im Jahr 1786, als in Salzungen eine große Feuersbrunst wütete.

Nachmittags gegen drei Uhr, kurz nach dem Ende des Gottesdienstes, brach in einem Wohnhaus am Mark das Feuer aus. Ein heftiger Windstoß jagte die gierigen Flammen weiter und in wenigen Stunden war die Oberstadt mit Rathaus, Burg und Stadtkirche nur noch ein Haufen rauchender Trümmer.

Schutt und Asche waren von den einst so prächtigen Bauten nur noch übrig geblieben, sodass der Gottesdienst nothalber in der Gottesackerkirche Husen abgehalten werden musste.

Die Salzunger Husenkirche wurde im 16. Jahrhundert errichtet. Und doch reicht die Geschichte der Kapelle um Hunderte von Jahren weiter zurück. Anstelle des Steinbaues hat hier einst eine Holzkirche gestanden, die auf Veranlassung Bonifacius um das Jahr 740 gebaut wurde.

Erst der Hersfelder Abt Willibald sorgte knapp vierhundert Jahre später dafür, dass aus dem Hölzernen ein steinernes Andachtshaus wurde.

An einem Weihnachtsfest nach dem großen Brandunglück geschah eine seltsame Geschichte. Eine Frau aus Hermannsroda hatte sich entschlossen, in diesem steinernen Andachtshaus die Christmesse zu besuchen, um das Abendmahl zu empfangen.

Frühzeitig ging sie zu Bett.

Als die Frau erwachte, strahlte der Vollmond silbrig wie eine Laterne und entfaltete eine magische Kraft, die auch weniger sensible Gemüter anrührte.

Im hellen Mondlicht lag die verschneite Landschaft da. Weißbedeckt waren die Dächer, Pfähle hatten ihre weißen Mützen aufgesetzt und von den schneebedeckten Zweigen der Bäume und Büsche rieselte leise der Schnee.

Erschrocken schaute die Frau aus dem Fenster und dachte für einen Moment: „Habe ich etwa verschlafen?"

Weil sie keine Uhr besaß, um es zu überprüfen, kleidete sie sich flugs an und machte sich schleunigst auf den Weg nach Husen. Und wirklich, als sie durch das Tor auf den Friedhof trat, sah sie die Fenster der kleinen Kirche schon hell erleuchtet.

Eben verklangen die letzten Akkorde des Chorals.

Düsternis hing über dem Friedhof wie ein böses Omen.

Verschwunden war das silbrige Mondlicht. Wolken hatten sich am nächtlichen Himmel zusammengeballt und bildeten beinahe erschreckende Gebilde. Manchmal frischte auch der Wind auf. Dann streifte er wie ein gewaltiger, unsichtbarer Geist über den Friedhof hinweg, als wollte er die Toten locken.

Raschen Schrittes eilte die Frau zu der kleinen Kirche hin.

Die Steine und Kreuze auf den Gräbern flankierten ihren Weg.

Kurz vor der Kapelle hielt sie inne und ihr Blick blieb an der steinernen Mauer des Gebäudes hängen, die sich klar in der Dunkelheit gegen den Himmel abhob.

In hellen Streifen fiel das Licht durch die Fenster der Kirche in die Nacht.

Jetzt erst fiel der Frau auf, dass nirgends Fußstapfen außer ihrer eigenen, im frisch gefallenen Schnee zu sehen waren. Für einen Moment schloss sie die Augen, doch als sie die Stimme des Geistlichen vernahm, dachte sie nicht weiter darüber nach und trat ungesäumt auf die angelehnte Kirchentür zu. Vorsichtig öffnet sie die Pforte, die sich laut kreischend in den Angeln drehte. Bei dem Geräusch lief ihr ein eisiger Schauer über den Rücken. „Was ist denn nur mit mir heute los?“ stellte sie sich stumm die Frage. Kopfschüttelnd und mit unsicheren Schritten trat sie über die Schwelle.

Die Kirche war gedrängt voll Menschen, und der Pfarrer schritt gerade auf den Altar zu. Er hatte die Hände wie zum Gebet erhoben.

Mit Mühe fand die Frau noch einen Platz in der vorletzten Bankreihe. Sie zwängte sich zwischen zwei verhüllte Frauengestalten und setzte sich nieder.

Der Pfarrer begann mit salbungsvoller Stimme zu sprechen.

Erstaunt schaute die Frau nach vorn, denn die Stimme des Geistlichen war ihr fremd. Sie betrachtete ihn genauer, aber sie kannte ihn nicht.

Es fröstelte ihr. Alles war hier heute so sonderbar.

Die Frau wandte sich an ihre Nachbarin zur Rechten. Allein fast zu Tode erschrak sie, als sie derselben in das grauenhafte, wie mit Spinnweben überzogene Gesicht blickte. In ihrer Angst griff sie nach der Hand ihrer Nachbarin zur Linken, die aber war kalt wie Stein. Rasch wollte sie die Eigene zurückziehen, doch sie wurde von der Nachbarin festgehalten.

Neuer Schrecken, neues Entsetzen!

Gänsehaut lief der Frau über den Rücken. Im Umschauen hatte sie bemerkt, dass rings um sie herum Personen Platz genommen hatten, die zum Teil längst vermodert sein mussten.

In diesem Moment tönte von der Stadt her das helle Glöckchen auf dem Turm des *neuen Tores*.

Es schlug 1 Uhr, das Ende der Geisterstunde.

Ihre Nachbarin, in der sie eine längst verstorbene Bekannte erblickt hatte, ließ ihre Hand los.

Abrupt stand die Hermannsröderin auf. Wie mit glühenden Nadeln stach es durch ihren Kopf. Sämtliche Glieder schmerzten. Sie versuchte das Gleichgewicht nicht zu verlieren, kippte aber dennoch nach hinten weg. Mit einem gellenden Schrei fiel sie auf die Bank zurück und rollte hinunter auf den harten Boden.

Sie hatte die Besinnung verloren.

Im Morgengrauen gingen der Küster und seine Leute in die Kapelle. Erschrocken blieben sie stehen, als sie eine leblose Gestalt zwischen den Bänken auf der Erde liegen sahen.

Es war die Hermannsröderin.

Nur mit Mühe rief der eilends herbeigerufene Arzt sie wieder ins Leben zurück.

Sie erzählte ihren mit staunen zuhörendem Beichtvater von dem nächtlichen Erlebnis.

Selbigen Tages starb sie noch an den Folgen des erlittenen Schreckens.

Es gibt aber noch eine andere Version dieser Geschichte, die die alten Leute ebenfalls erzählten.

Und die geht so:

Hell erleuchtet war die Kirche, als die Frau aus Hermannsroda die nur angelehnte Tür öffnete.

Fürchterlich quietschen die verrosteten Angeln.

Erschrocken fuhr die Frau zusammen, hielt den Türgriff in der Hand und schaute scheu in die Kirche hinein.

Das Gotteshaus war überfüllt von Leuten beiderlei Geschlechts.

Die Kommunion war bereits in vollem Gange.

Ohne etwas Schlimmes zu ahnen, versuchte jetzt die Frau, sich durch die dicht an dicht stehenden Menschen nach dem Altar hin durchzudrängeln.

Plötzlich kam sie nicht mehr weiter.

Einige Frauen vertraten ihr den Weg.

„Was soll denn das? Wie so lasst ihr mich nicht ...?“ erkundigte sie sich mit freundlicher Stimme und schaute die Frauen verwundert an.

Die hoben ihren Kopf und sahen die Hermannsröderin mit seltsam leeren Augen an.

Schrecken und Grauen ließen ihr die Worte im Munde ersticken. Nacktes Entsetzen ergriff sie, denn dicht vor ihr standen zwei längst Verstorbene.

„Verlasse sofort die Kirche oder es wird dir Schreckliches widerfahren“, redeten diese eindringlich auf sie ein.

„Oh Gott, was passiert mit mir?“ stammelte die arme Frau, drehte sich mit einem heiseren Aufschrei um und ergriff angstschlotternd die Flucht. Vorbei stürzte sie an einer längst verstorbenen Freundin, die ihr zuraunte: „Lauf, lauf um dein Leben“.

Hinter ihr keuchende Schritte ....

Kichern ....

Todesangst stieg in ihr auf, als sie merkte, dass ihr die Schar der Lebendtoten folgte.

In der Kirche herrschte mit einem Schlag eine Atmosphäre, wie sie in einer finsteren Gruft herrschen mochte, wenn nach vielen, vielen Jahren jemand mit einer Funzel herabstieg.

Die Frau musste den allerletzten Rest ihrer Courage aufbringen, um die Kirchentür zu erreichen.

Aber vergebens.

Die nacheilenden Geister griffen nach ihrem Mantel.

Verzweifelt kämpfte sie gegen die knochigen Hände an. Endlich konnte sie sich mit einem kurzen Ruck losreißen und ins Freie stürzen.

Zurück blieb der Mantel, den die Geister in tausend Stücke zerrissen.

Orientierungslos stolperte die Frau zwischen den Gräbern des Friedhofes umher. Ohne sich auch einmal umzudrehen, wurde sie von der Angst vorwärts getrieben. Hinter sich hörte sie, wie die schrecklichen Gestalten die Verfolgung aufnahmen. Erst als sie den Friedhof verlassen hatte, blieb sie keuchenden Atems stehen.

Von den Geistern war nichts mehr zu sehen und zu hören. Still und gespenstisch wirkte der Friedhof.

Das Geäst der kahlen Bäume ragte über das Mauerwerk hinweg.

Am anderen Morgen fand man tausend Fetzen des Mantels an den Kreuzen einer Vielzahl von Gräbern aufgehängt.

Die Frau lag, nachdem sie alles ihrem Pfarrer gebeichtet hatte, danach krank danieder.

Am neunten Tag nach jenem Vorfall holte sie Gevatter Tod.

Quellennachweis der Bilder

Seite 6	Autor
Seite 8	Autor
Seite 10	Autor
Seite 13	Autor
Seite 29	Rudolf Hahmann
Seite 32	Rudolf Hahmann
Seite 36	Autor
Seite 38	Ausschnitt Weihnachtskarte kein Impressum verzeichnet
Seite 40	Giotto di Bondone: Anbetung der Könige (1302)
Seite 47	Autor
Seite 51	Autor
Seite 56	Autor
Seite 58	Autor

ERNST - ULRICH HAHMANN,

Oberstleutnant a. D.

Geb. 1943 in Ellrich am Südharz, lebt in Bad Salzungen, Ausbildung als Dreher, danach Laufbahn eines Artillerieoffiziers. Während der Wendezeit Einsatz als Kreisgeschäftsführer beim DRK Bad Salzungen. Anschließend in hessischen und bayrischen Sicherheitsfirmen in unterschiedlichen Funktionen tätig. Zwei Mal verheiratet. Verwitwet. Drei Kinder. Während der Armeezeit Artikel für militär-technische und militär-wissenschaftliche Zeitschriften geschrieben sowie eine Dokumentation über das Leben und Wirken des Arbeiterführers Franz Jacob. Nach der Wende Fernstudium *„Schule des Großen Schreibens“* an der Axel Andersson Akademie in Hamburg. Jetzt im Ruhestand. Geht seinen Hobbys nach. Schreibt jeden Tag mindestens eine Stunde und geht regelmäßig ins Fitnessstudio. Mitglied des Literaturkreises Bad Salzungen.

<u>Veröffentlichungen</u>:

- *Das alte Salzungen - Sagen einer Stadt im Werratal*
- *Die Schnepfenburg - Bad Salzungen*
- *Die Ritter vom Frankenstein*
- *Die Gotteshäuser von Bad Salzungen*
- *Die Ritterburgen im Salzunger Land*
- *Das alte Ellrich - Sagen einer Südharzstadt*
- *Die wilde Horde*
- *Mit neunzehn im Kessel von Stalingrad*
- *Der Weg in die Hölle - Stalingrad*
- *Unter der Knute Stalins*
- *Reiki - Heilende Hände (Co-Autor Edelweiß Knabe)*
- *Es gibt eine wunderbare Kraft ... (Co-Autor Edelweiß Knabe)*

- *Lausbuben - Geschichten und Erzählungen aus der Kinderzeit*
- *Buntes Allerlei*
- *Lyrisches- Eine Schubkastensammlung aus Poesie*
- *Die St. Johanniskirche in Ellrich - Höhen und Tiefen, Licht und Schatten eines evangelischen Gotteshauses*
- *Jörg Seedow - Ein Journalist auf Spurensuche: Band 1 Der Leichenschänder / Band 2 Der Flüchtlinge*
- *Welt der Heimatsagen: Band 1 Sagen und Geschichten aus dem Werratal / Band 2 Sagen und Geschichten aus dem Südharz-Vorland*
- *Welf Wesley - Der Weltraumkadett: Band 1 Die Feuertaufe / Band 2 Auf den Spuren der Außerirdischen / Band 3 In Weltall verschollen / Band 4 Zurück zur Erde / Band 5 Flucht in die Unendlichkeit*
- *Todesursache: Vernichtung durch Arbeit: Band 1 Kali-Werra-Revier und das KZ Buchenwald / Band 2 Außenkommandos des KZ Buchenwald im Kali-Werra-Revier / Band 3 Einsatz Kriegsgefangener und Fremdarbeiter im Kali-Werra-Revier/ Band 4 SS-Arbeitslager Erich / Band 5 SS-Arbeitsbrigade IV / Band 6 Die Erinnerung darf nicht sterben*
- *Der Zweite Weltkrieg: Band 1 Auf dem Weg in die Hölle Stalingrad - Im Einsatz als Luftnachrichtenmann / Band 2 Mit neunzehn Jahren im Kessel von Stalingrad - Es war die Hölle*

2 Bücher als Ghost Writers geschrieben

ISBN 9 783750451308

Die Gedichte in diesem Büchlein bilden eine Schubkastensammlung aus Poesie und Phantasie.

Es sind Dichtungen unterschiedlichen Genres, die in den letzten 12 Jahren entstanden. In diesem Sammelsurium von Fabulierungen, Reimen und Versen geht es um die Liebe und die Gefühle, die diese in den Menschen hervorrufen. Aber nicht nur das. Es öffnet sich dem Leser auch eine Welt in dem es um geschichtliches, esoterisches, landschaftliches, schicksalhaftes aber auch weihnachtliches geht.

Auf jeder Seite, auf nur wenigen Quadratzentimetern von weißem Papier werden mit einer handvoll Wörter Empfindungen und Gedanken hervorgerufen, die Vorstellungen, Bilder und Reflexionen wieder spiegeln. Farbig gestaltete Bilder unterstreichen, den vom Leser gewonnenen Eindruck.

Tauchen sie einfach ein in dieses lyrische Werk aus Strophen und Versformen, dabei geht es nicht um das Denken, Handeln und Streben, sondern einfach um das Da-Sein, das eben. Vergiss einfach einmal die Zeit, denn es zählt nur der Augenblick der dir die Achtsamkeit schickt.